此致正在編織著
燦爛瞬間的________。

世上有人為你加油

世上有人為你加油

寫封信，給需要安慰的你

圖・文 宣美畫
譯 林季妤

溫暖推薦

只留下，想對你說的真心話 （按來稿順序）

也許你正需要，休息一下

以前看動畫《櫻桃小丸子》時，最喜歡小丸子爺爺友藏「心之俳句」的環節。雖然只是短短幾句話，卻精準道盡人生許多現象。有時俳句講的是人生的某些困境；但更多時候，則是短短幾句話，就能讓聽者感覺自己被深深地同理了。

在閱讀這本書時，一頁頁圖文，也帶來了類似的療癒體驗。讀者可以按照順序閱讀，也可以在你需要某些鼓勵或支持的時刻，隨意翻開某一頁。試著想像，這頁上頭的圖文，或許正是此刻你最需要的提示。帶走你現在需要的，留下暫時還不需要的。休息一下，再跨出下一步吧！ __ **臨床心理師 蘇益賢**

傳給你一張小小溫暖的紙條

血清素是一種神經傳導物質，能帶來幸福與愉悅的感受，這本書就是文字與圖畫的血清素。在人生道路上，能感受生活裡的溫度，雙手撫摸著暖呼呼的小狗，嘴裡品味著當季新鮮的食材，偶有抱怨、偶爾讚嘆，與其追求日日燦爛，不如得到時時平靜。

學生時代很流行寫小紙條給朋友，更喜歡收到小紙條的感覺，那是一種在疲憊之中被熱敷過的貼心，小紙條的內容總是單純而溫柔，寫滿了帶著關心的生活碎片，這種輕巧的慰藉是度過青春期最重要的支持。

這本書就如同那一張張小紙條，親切的分享、暖心的理解，更讓人驚喜的是細膩精美的插圖，推薦給每一個需要抱抱的你。__IG 作家 **閱讀與花**

接住我們的脆弱之心

你過得快樂嗎？活得像自己的樣子嗎？長大以後才發現自己只是裝作成熟的樣子，心底深處累積許多說不出口的脆弱，還是想當個孩子，但是稍縱即逝的時光、忙碌的生活，把我們推得越來越遠。

有時候，能夠在脆弱的時候接住我們的，就是一本充滿溫暖語句的書；有時候，能夠陪伴我們的，就是一頁頁將自己心情敘述得恰到好處的書。這本書，就是這樣一本有溫度的書。

如果你很疲憊、如果你很低落、如果你有那麼一點忘了自己的樣子，正是時候，這本書的每一個文字和畫作都可以擁抱你。__IG 作家 NiBo 妮啵

不斷往目標邁進、不敢隨意停下來的你，辛苦了

若你已對現實生活感到疲憊不堪，那麼請翻開這本療癒之書，讓書中的逗號們替你騰出一處喘息的空間。

作者筆下的簡單字句蘊含沁入心底的溫柔，一頁頁可愛的插圖彷彿替苦悶的生活增添繽紛的童趣。每當你懷疑自己時，請讓這本書的溫度融化內心，提醒自己「世上有人為你加油」，只要你願意張開雙手便能擁抱全新的可能性。衷心期盼每位讀者能在闔上書本時，充滿自信地說出「我也替自己加油！」__韓文譯者 莫莉

愛自己，滋養心靈花園

在這繁忙而喧囂的世界裡，也許我們都曾迷失於壓力和焦慮之中，《世上有人為你加油》這本書猶如冬日中的暖陽，提醒著我們，無論何時何地，總有人能接住你的脆弱，為你加油。

「相信自己，便足以讓我變得堅韌強大。」書裡的每一句話、每一幅圖畫都充滿著溫柔光芒，照亮我們的內心與勇氣。

如果你正努力為某人加油，或是需要為自己加油，我想推薦這本書給你！它將帶給你無限的勇氣和力量，陪伴你走過每一段旅程，讓你在人生的道路上更加堅定地前行。

記得，愛自己就像是滋養自己的心靈花園，當花朵盛開綻放時，也代表著我們找到了自己。__IG 作家 little diary

因為你是最重要的人

不論是人際關係中的相處，或是職場中的疲憊，甚至是愛情裡的傷痛，在某些時刻，我們總會想要一個人靜靜，這本書正是寫給此刻需要慰藉的你。

面對人生的大小事，即便有些日子覺得完蛋了，想放棄一切，但是能守護你的人只有自己。我們不用遏止心中的聲音與情緒，這樣才有機會溝通，才有機會去看見事情的全貌。

結果雖然不能預期也不一定能如你所願，但只要你願意去面對，至少你會知道答案。當這件事不再困擾你，才有拾起或放下的選擇權，讓這本書陪著你去找回生活的掌控權。

把你愛別人的能力，用來愛自己，因為自己才是生命中最重要的人。

__ 正面能量創作者 Tings 聽思

學會為自己加油

「我」才是自己最大的力量，只有「我」才能讓自己學會轉念。我若不可能對世上每個人皆抱持好感，那麼我怎麼會要求自己成為人見人愛的人；我若始終學不會讀心術，那麼我怎麼會要求別人完全理解我；我若不相信自己能夠幸福快樂，那麼我怎麼會覺得幸福快樂會降臨。

輕輕柔柔的圖文書，以人生、愛情等面向訴說著我們該把焦點拉回自己，疲憊時讀個幾頁，看看圖也很好，只需要記得，當我們渴望從他人身上獲得安慰鼓勵時，先好好地學會為自己加油吧！ **__IG 閱讀經營者 閱讀小姐**

・目錄・

逗號二

逗號三

逗號四

逗號五

·序言·

值得去做的事，永遠不會太遲或太早，
成為你所期望的自己永遠沒有時間的限制，
只要你願意，隨時都可以開始。
你可以維持現狀，也可以開始改變，
我願你能成為你所期望的那個人。
……
我希望你看見讓你驚豔的事物，體會不曾感受的體驗，
我希望你能結識與你觀點不同的人們，
度過令你感到自豪的一生。
倘若你發現生活並不如你所願，
我希望你有足夠的勇氣……
重新啟程。

——出自《班傑明的奇幻旅程》

美畫

我曾以為，只要到了二十歲，自然就會長成大人，
到了三十歲，大大小小的人生瑣事，
都會理所當然地實現。
孰料，年屆三十我才驚覺一切似乎毫無改變，
反倒越發急躁冒失，許多事依舊不得要領。

我無法確定腳下的道路是否通往我心之所向，
也看不透身邊的人都懷揣著何樣心思。
很多時候，只因我們來到了不再長高的年紀，
便被認定已經長大，
行為舉止，都必須時時假裝自己像個大人罷了。

比起看見這世界原本的模樣，
或許我們都越來越習於
追隨他人的目光來看待這個世界；
迎合他人的視線攀比自身，
恐懼著失敗的可能；
認為真情實感的流露，
便是在他人面前暴露自己的弱點。

然而等到某天驀然回首，卻發現
我就只是我自己而已。
無法與任何人相互比較，
在沒有任何人走過的路上努力地向前邁進。
如今，我已不再認為只要長高就成了大人，
而是注視著自己跌跌撞撞尋找自我定位的模樣，
在這之中，慢慢長大成人。

現在的我，依然笨手笨腳，
不時會為了追不上他人感到焦慮。
偶爾，我也害怕情緒表達過於直率，
會像個不懂事的小孩，
但即便如此，我也很欣賞自己現在的模樣，
因為，這並不是結束，

只是人生的一段過程而已呀。

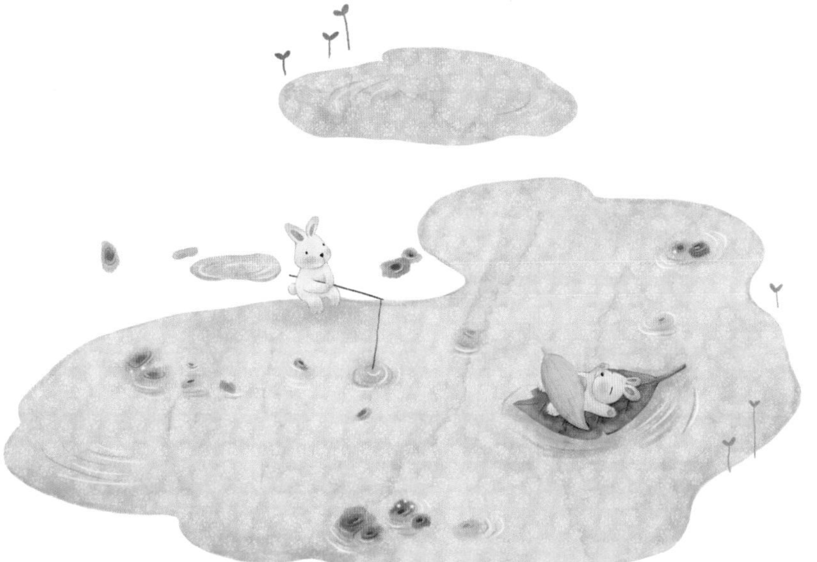

逗號一

說來容易，

請切記愛自己才是

首要任務

別人愛怎麼說，那都是他們的事，
我只要不去在意就行了。
會感到受傷不是因為他人，
而是因為我軟弱的心。

——出自《還想結婚的女人》

・情緒使用說明書・

一位年邁的印第安酋長，對孫子說起
內心發生「戰爭」的故事。

「孩子，在我們所有人的心中
都進行著激烈的爭鬥，那是兩匹狼的惡戰。
其中一頭狼邪惡凶狠，
牠充滿憤怒、嫉妒、悲傷、貪婪、傲慢、
罪惡感、自卑感、自負之心、自以為是且自私自利。
另一頭狼善良正直，
牠擁有的是喜悅、平和、愛、希望、
謙卑、寧靜與仁慈。」

孫子向酋長爺爺問道：
「那麼，哪一匹狼會贏呢？」
酋長的答案很簡單，

「你餵養的那一匹。」

憤怒、嫉妒、悲傷、貪婪、傲慢、
罪惡感、自卑感、自負之心、自以為是和自私自利，
以及喜悅、平和、愛、希望、謙卑、寧靜與仁慈。
占據在人們心中的情感名目眾多，
比起深切地體會一種情緒，
人們的感情往往錯綜複雜。
多數時候，我們心無波瀾，彷彿沒有一絲情緒，
但有時也會怒不可遏，
或者悲傷得難以自持。
當情感無法遏止地湧上心頭，
或許正是平時竭力壓抑的心緒泛濫成災。

每到這種時候，我們可能會自怨自憐而痛苦不堪，
可能因為飆漲的驕矜自負而自命不凡。
也可能只因心情歡暢，
對所有人都表現得親暱無間。

縱使是憤怒、嫉妒、悲傷，這些情感都有存在的必要。
當嫉妒激起競爭心理，何嘗不能喚醒我們的熱忱，
結出另一顆積極的果實，
而罪惡感也能使人懂得反躬自省。

生氣也無所謂，感到嫉妒也沒關係，
每個人都會經歷被剝奪的時刻，
畢竟在這個世界上，比我優秀之人何其多。
倘若有時笑得太開懷，
待他人太過親切熱情，偶一為之，
應該也無傷大雅吧。

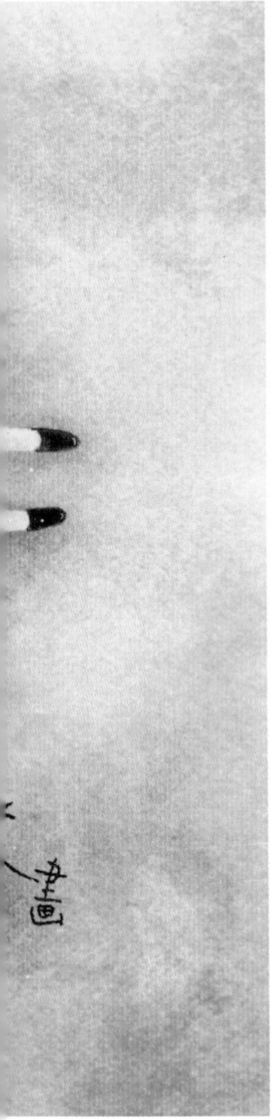

不必再時刻掩藏，
畢竟人生在世，
正是因為有笑有淚，
時而受傷時而感激，
才更彌足珍貴。

To me, You are perfect.

小時候，總有許多事叫人心生豔羨，
多到記不起任何細節，
只記得每每都羨煞了我。
現在回想起來，當時的我
無論自己擁有多少珍貴之物都一無所見，
只看得見他人擁有的東西，羨慕不已。
除了我以外，其他人在我眼裡都是十全十美的。

然而，等到某天我擺脫了自卑心理，
這才發現我在他人眼中亦是如此。
縱使他們也都完美得無可挑剔，
但他們注視著我的目光同樣如此欣羨。

即使我曾認為人人都完美無瑕，
但世上似乎沒有人永遠無懈可擊，
只是碰巧擁有我缺乏的部分罷了。

一加二之所以等於三，
是否意指一個人的我加上兩個人的我們，
就能創造出全新的生活？

相互彌補彼此的不足之處，
一定能打造出更有趣的世界。

所以**我**，
還有**你**，
在這世上都是獨一無二的，
單憑這一點，我們就都是完美的人。

美畫

與我不同的人

在這世界上，與我不同的人多不勝數。
那些人只是與我有所差異，他們並沒有錯。

批改考卷的時候，
我們會指出答案錯了，而不是說答案不一樣。
所謂的答案不同，唯有參考數學題目的解答
給英文考卷打分數才適用這樣的說法。

一如數學考題和英文考題千差萬別，你和我也迥然相異。
如果因為他人與我有所不同就認定那絕非正解，
那麼這道題目的解答恐怕一輩子也無從知曉。

有時我也會遺忘這樣單純的真理，執拗地以為
每個人都應該和我不謀而合。

「這也在所難免，他本來就是這樣的人呀。」
明明這麼轉念一想就能解決的小事，
「我是這麼認為，你怎麼會那麼想？」一旦先入為主，
事情就變得複雜難解。

就如數學考題和英文考題的答案，
並不能由我隨心所欲地裁定，

人與人的差異，
也不是僅憑一己的喜惡就能決定的。
每一個人獨特的面貌之中，
都藏著各自的解答。

唯有我率先接納他人，
才能讓對方接受我原本的模樣。

因為對於那個人來說，
我也只是和他不同的人，僅此而已。

・心靈治癒能力・

神奇的是，縱使不進行特別的治療，
人體本身就有自我修復的能力。
但如果不是身受重傷或病入膏肓，
必須求醫就診的狀況，
通常置之不理就會自動癒合……

人心也和肉體相去無幾。
生命中總會遭逢痛不欲生的時刻，
但我們終究會倖存下來。
隨著時間流逝，我們的心
也會慢慢恢復如常。

縱使疼得椎心刺骨，
悲痛得傷心欲絕，
就這樣，什麼也不做，也會在不知不覺間漸漸好轉的。

心的康復之所以需要時間，
不過是因為我們心靈的免疫力比別人弱一點點而已。

時間就是解藥這句話或許有些老套，
但我們似乎還沒找到比時間更具療效的良方。

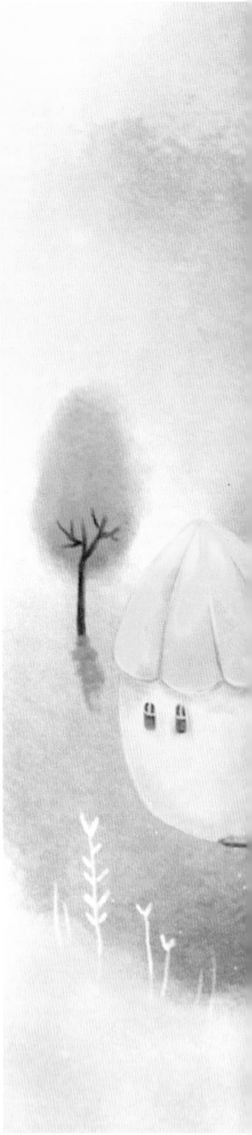

美畫

關係中的安全距離

在道路上急馳的車輛之間有所謂的安全距離，
必須保持一定的車距。
否則在急煞或者天雨路滑時，
難保不會引發重大事故。

不只是汽車，在人與人之間，
也需要相應的安全距離。

只因身為朋友、家人或戀人這種理由，
就必須時刻形影不離或期盼對方無條件地理解，
在某一刻，點滴瑣事都有可能成為負擔。

倘若心中常保名為體貼的距離，
配合彼此的腳步，或許就能預防因誤會或自私的念頭
而引發的爭端也說不定。

不同於交通事故，
心靈擦撞造成的事故，
可不能申請保險理賠呀，
當然要時時留意才行！

·只有我不知道的事·

在神話之中，有幾名人物看起來格外委屈。
其中有位名叫阿特拉斯的神祇，
只因巨人族在與宙斯的戰爭中敗北，
祂便遭受責罰，必須以雙肩支撐蒼天。
作為一族之神，祂的確理應擔責，
但獨自一人以肩膀苦撐起整片天空，
卻也讓人不禁慨嘆祂似乎善良溫順得過了頭。

近來，我的身邊和阿特拉斯一樣馴良的人不知凡幾。

縱使分不清他們是假意順從，
還是個性本就如此，
我仍經常感覺他們雙肩如此沉重。

他們彷彿化身超人，
只為成為滿分的戀人、好上司、好部屬
和好朋友，總是時時刻刻努力不怠。
盼能滿足身邊所有人的要求，
渴望一手解決所有疑難雜症，
那樣無所不能的人（就連我也不例外）。

在生活中，我們至少都扮演著一個
或同時肩負著好幾個角色。
然而，為了完美地演出
那麼多的角色，
會不會讓自己活得太辛苦了呢？

我們是不是誤以為，
總得做點什麼才能得到讚美？
如果你也感到沉重，好似一肩扛起整個世界，
其實就此放下也無所謂。
不必那麼努力，你也已經是個很棒的人了。

神奇的是，
這點往往只有本人渾然不覺呢。

自私一點也沒關係

該怎麼做，才能活出無悔的人生？
只要認真地恪守本分，理解他人、幫助他人，
就能無憾無悔了嗎？

踏實努力地生活固然重要，
時時將心比心、樂於助人也很優秀，
但我認為除此之外，智慧更是不可或缺的。
勤懇勞動需要智慧，
推己及人、熱心助人也需要智慧。

毫無智慧的辛勤可能損壞身體與心靈，
毫無智慧的同理與援助，同樣的初心也無法持之以恆。

試著收回專注在分內之事與他人身上的目光，
好好關注一下自己，怎麼樣？

無法好好疼愛自己、珍惜自己的人，
能夠真心地愛惜他人嗎？
一個無法肯定自己、對自己多有不滿的人，
面對別人的成功，也很難欣然為他人鼓掌。

有時驀然回首，
也會不由得感嘆「真是辛苦了」。
在這艱難的世界，我們都盡可能不去抱怨、不氣餒，
竭盡全力地生活。

現在可以多疼愛自己一點，
多取悅自己一些也無妨。
有時，稍微自私一點也沒關係呀。

當自己有了力量，
能笑口常開，
能心有慰藉，
能堅強勇敢，
唯有如此，才有餘力關照左右呀。

・倘若全世界都喜歡我・

倘若全世界都喜歡我就好了，
我也曾這麼想過。

因為我曾那般渴望，在他人的記憶之中，
我就是體貼溫柔、或善良美好的那個人。
我時時反躬自省，自己的行動或言語，
是否會傷害到他人的心，
也不斷在他人周圍逗留，只盼他們接納我。

最終，我卻只能懷抱自己筋疲力竭、
傷痕累累的心，
唯恐再度碰一鼻子灰，
在走近他人時，畏而卻步。

仔細想想，其實我自己也會討厭某人，
或對某些人漠不關心。
甚至有些時候，無論他們對我有何看法，
我都可以毫不在意。

無論任何人，都有可能對他人感到牴觸，
也會有自己欣賞的人們。
一如不可能全世界都對我懷有好感，
我也不可能與世上每個人都相見恨晚。
終究會有人與我不投緣吧。

維繫人與人之間的關係需要巨大的努力和精力。
若在與我合不來的人身上投注了大量的心力，
恐怕就擠不出多餘的能量，
為我真心關愛之人付出。
此時此刻，我最珍貴的那份心意
會不會也虛擲在地、錯付他人了呢……

……那豈不是太可惜了嗎？

美畫

·秘密·

有些道路，或許沒走過便一無所知，
但也沒有必要特地走上一遭。
所謂的秘密就是如此。

畢竟有時無知便是福，
有些事，用不著刨根問底。

一旦獲知內情，我們就只能承受千萬斤的重擔，
時時把持自我。
面對無須知曉的祕密，
似乎也需要裝聾作啞的勇氣。

・比言語更深刻的事・

適量的鹽巴能夠烹煮出美味，
但過度的鹹味也會破壞一桌佳餚。

言語就如食鹽。

此話也意味著寧缺勿濫，言多必失。
有些時候，表達明確清晰固然可貴，
但若未能傳遞正向的情感，
口不擇言地一吐為快，只會徒增懊悔。

縱使振振有辭，又有多少人能做到言行如一？

近來總有人在網路上酸言酸語，刺傷他人的心，
惡語傷人的人多不勝數。

面對他人的死亡，
面對千瘡百孔、生不如死的心，
他們根本不知所云，只顧血口噴人。
那些人藏身在鋪天蓋地的
冷嘲熱諷背後，
那副模樣既軟弱、
又愚昧，
更是可悲。

•迫不得已•

儘管像是藉口，
但其實每件事都是事出有因。

儘管像是搪塞推拖，
但那個人其實每一回也都是迫於無奈吧。

迫不得已，
現在的我，好像稍微懂了。

・信任・

難以信賴他人的人，
往往連自己也信不過。

我曾經向某人大吐苦水，
覺得對方從來不信任我。
當時的我未能理解對方，只是氣急敗壞。
然而直到我收起埋怨的目光，
我才察覺那人正是因為不相信自己，
這才疑信參半，難以信任他人。

這麼一想，比起強求他人對我抱以信賴，
更重要的是，時刻自省
我對自己是否有著堅定的確信。

比起揣度他人心意，
只要我對自己深信不疑，
那就足矣。

相信自己，
便足以讓我變得堅韌強大。

美畫

· Give and Take ·

有些人總是無私付出，
也有人只想不勞而獲。
有人必須得到才甘願給予，
也有人不求回報、甘之如飴。

什麼樣的人更好？

論及人生或是愛情，
都是彼此遷就、相互贈予（give and take）。

無論心靈，抑或物質，
人們基本上都渴望付出多少就得到多少，
但不可能每回都如量尺般分毫不差。
有時收穫不成正比，
有時也會受益無窮。

從父母身上得到的愛，我們或許窮盡一生也難以償還，
但我們也會在成為父母的時候，將這份愛給予子女。
就如這般，當有人向我遞出善意，便抱持著感恩之心，
在遇到類似的情況時給予同樣的關懷，
或許傳遞好意就變得容易多了。

倘若老是不忍回絕、勉強接受，
一旦為此感到彆扭委屈，
最後只怕連再次付出都越發困難了。

偶爾就忽略吧

今天書桌上依然堆滿了書籍和文件，
待辦事項堆積如山，
要和許多人對話，
心裡的思緒也一環扣一環、連綿不斷。

一天之中，我們要處理的事務繁多，
永不停息地思考著，日復一日。
儘管已經盡了全力，有些事
也依然無可奈何，難以完成。
我們也經常為了未竟之事感到自責，
在心中暗自神傷。

比起為了顧全每一件事費盡心力、苦苦掙扎，
不甚要緊的事、不必放在心上的事，
似乎偶爾也需要
在心裡做出決斷，就此忽略。

未能好好完成便草草掠過，
或許會讓人感覺自己力有未逮，
但有時選擇性忽略，
找出可以一筆帶過的事物，
也能讓人生更豐富多采。
該一筆勾消的就該果決地拋諸腦後、不再回首，
才能寫就更多新篇。

美畫

・人都將成長為
自己想像的模樣・

一旦陷入陰鬱的思緒，人真的會變得憂鬱。
一旦認定自己不爭氣，也真的會變成沒出息的人。
神色表情、一舉一動，都會表露出你的心，
將你形塑成心中所想的人。

世上哪有任何人，
能夠輕易斷定我的價值？

不必畏首畏尾、也不必惴惴不安，
因為價值只能由自己來創造。

今天的我，也在心中默念著咒語：
「我辦得到，我一定會做到的。」
在這一刻，我就成了世上無所不能的那個人。

一個人的模樣，
便是由自己的心相映而生。

逗號二

活在當下，
總有某個人在
為你喝彩

他沒有把你當作傻子，
只是單純地認為你失聰了而已。
會把失聰者當成傻子的正常人，
才是真正的傻瓜。

——出自韓劇《小神的兒女》

・還不錯的人生・

十來歲的年紀，
總覺得好像二十歲時一切都會煥然一新，
然而真到了那個年紀，比起新鮮體驗，
需要審慎考慮的煩惱卻多得多了。
不知道該往何處前進，只能四下徘徊、左顧右盼，
自以為勇敢無畏的挑戰，往往也成了魯莽的衝動，
黯然收場。

我也曾以為，或許三十歲會迎來一些變化。
直到年屆而立這才發現，
其實沒什麼兩樣。
煩惱的重量相去無幾，一言一行卻平添一份責任感。
沒什麼不好，但倒也說不上特別出色之處。

人生在世，似乎鮮少會有一面倒的禍不單行，
或者喜從天降的好事一味找上門來。

或許正是因為不幸總與幸福同在，
幸福之中也擁抱著不幸吧。

一來二去，人生倒也還不賴。

無論十幾歲、二十歲，乃至三十歲，
煩惱的重量、責任的重量總是相去無幾，
我們總肩負著差不多的擔子生活。
現在這一瞬間，
這樣的人生似乎也挺不錯的。
光是如此，不也相當精彩灑脫了嗎？

美畫

・必然之事・

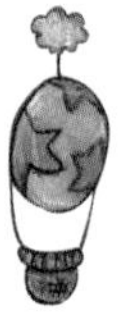

生命中，我們總會因某些人、某些事
不時感到受傷。
這些痛楚又會由於另一個人、
或者其他事件逐漸治癒，
又或深深埋進心底深處。
這些糟心事彷彿想躲也躲不掉，
勢必要忍受、熬過的苦難，
就像生活中比比皆是的每件瑣事那樣尋常。

人生必經之事都不會毫無來由，
每道傷口都需要時間捱過疼痛的折磨。
倘若應當承受痛苦時反倒不痛不癢，
日後傷痛糾纏的時間勢必同樣漫長。

畢竟事過境遷後或許不值一提，
但若總是心有罣礙，
疼痛只會不斷加劇，
撕裂成更大的創口。

・眼下這一刻・

我們都曾為了抓緊時間苦苦掙扎。
滿腦子只想著爭分奪秒，竭盡全力向前奔跑，
直到驀然回首，
這才驚覺自己反被時間追著跑。

分秒必爭和全力以赴是截然不同的，
一直以來，我們是不是都太過憂慮時不我待？

韶光易逝，眼前這一刻不會再回返，
我開始認為，放慢腳步好好注視當下或許更重要。

畢竟若一個人的今天過得並不幸福，
明日也不會得到幸福眷顧。

・結・

曾經真心相待的人，有時依舊會離開我身邊。
無論是戀人、朋友，或是家人，
都會隨著人生境況走入他們自己的生活。
儘管心裡不是滋味，
暗自神傷也無計可施。

為了面對屢次反覆的分離，
今天的我似乎也在心裡築起更高的牆，
大概是因為害怕又要獨自被留下，
儘管，這多半單純只是人生中轉瞬即逝的小結爾爾。

每當一年走向結尾，又長了一歲的一瞬間，
盼望我們都能牢記共度的美好。
常懷感激之情面對分離，待到重逢之日，
在心中繫起更富饒美好的相思結。

・靈魂之珠・

在伊朗，人們會在圖樣華美、精心織成的地毯上，
故意留下一處瑕疵，
又被人們稱為「波斯之瑕」。
此外，當印第安人以串珠製作項鍊時，
會刻意穿入一顆略有紋裂的珠子，
便是所謂的「靈魂之珠」。

或許他們認為，
比起完美無缺，
一點點微小的缺憾，
能博得更多人的喜愛。

或許人也不例外。
比起總是無懈可擊，偶爾難得糊塗，
反倒顯得更有魅力。

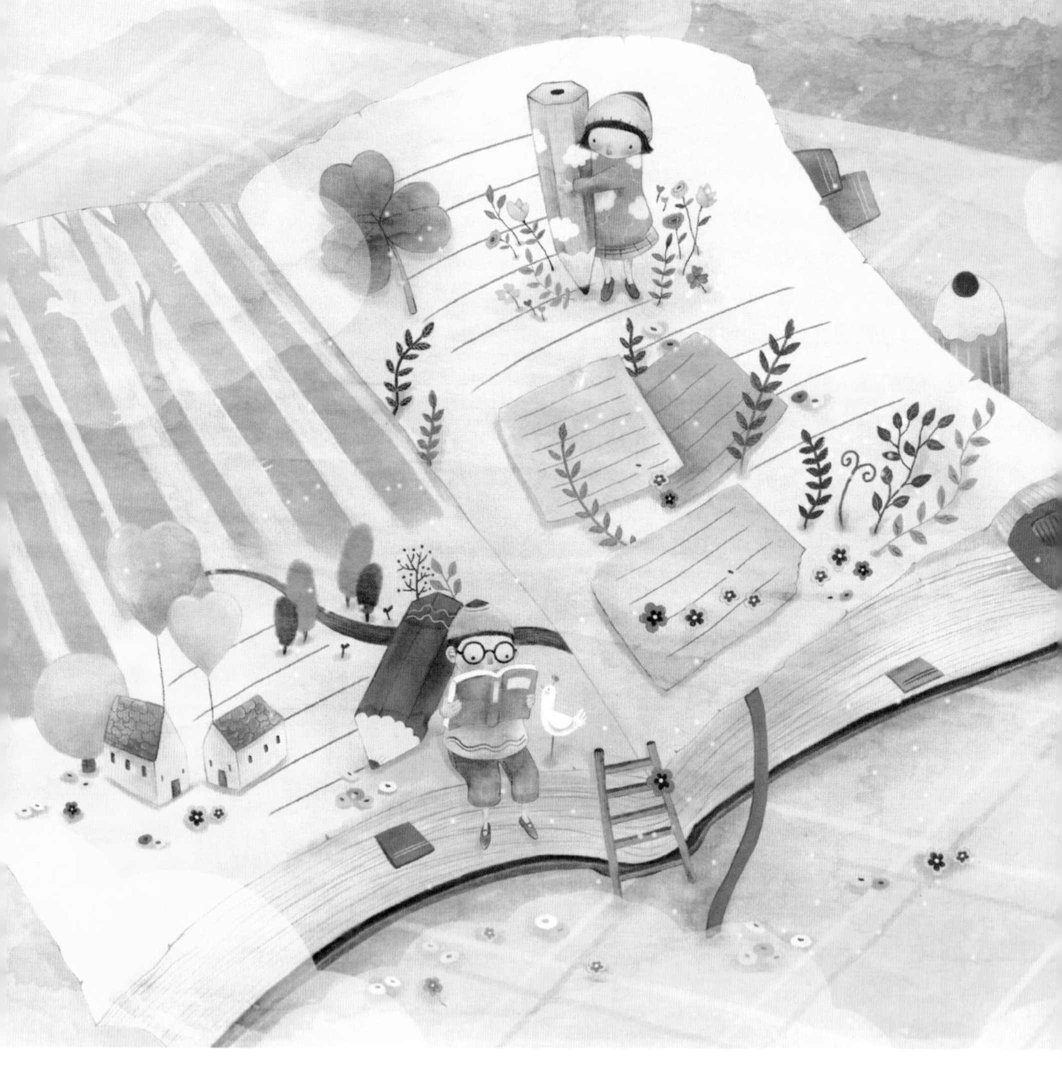

少許的不完美，可以讓一個人更有人情味。

隨著年齡漸長，人們總在力求盡善盡美，
認為稍有不足之處就會成為硬傷。
或許正因如此，才加倍誇大自己所擁有的，
試圖掩蓋那些缺陷。

人生宛如一顆接一顆串起的一條珠鏈，
只要加入一顆靈魂之珠，
或許就能打造出比夢想中更加華美、
絢麗的人生項鍊也說不定……

·我的角色·

近來，比起電影和電視劇中的主人翁，
主角身邊的配角經常顯得更加亮眼。
既能點綴些許幽默，
又能使人感動不已。
別具一格的演出甚至衍生出「瘋狂存在感」一詞，
往往使電影和電視劇增色不少。

每每看著他們，我便不禁思索我們是否非成為主角不可。
在電影或戲劇的某個場景，他們都以自己的方式，
成為隱藏的主人翁。
人生就如一部電影，
每個人都渴望成為帥氣的頭號主角，
但與其費盡心思，
拚命在每一幕當中都穩居驚豔眾人的主角，
不如嘗試著製作自己專屬的、有趣的電影，
不也別富樂趣嗎？

・允許自己偶爾
無所事事・

我曾經認為，比起什麼都不做，
還不如試著做點什麼，什麼都好。
我以為豐富的經驗對我的人生很有幫助，
其實不過是對自己的夢想沒有信心罷了。
現在，忙碌早已成了習慣，
也對自己無事可做的模樣感到彆扭。

但若能在無所事事的時光中放寬心，
在這段時間裡好好停歇下來……

現在的我，好像很需要這樣的餘裕。
有些時候，什麼都不做的時間也大有裨益。

不是總得做些什麼才能證明自己，
作為「我」而存在，即是美好。

美畫

偶爾必須放下手頭工作，讓自己休息一下。
因為持續埋首工作會使你失去判斷力。
暫時遠離工作，保持距離，
生活中不和諧與不平衡之處，
也就呼之欲出了。

——李奧納多・達文西

·世上最簡單的話語·

對不起。
謝謝你。
我愛你。

儘管只有短短三個音節，
很多時候，這幾句話就是難以說出口。
倘若始終藏在嘴裡，這些話的重量，
會使心靈也變得沉重無比。
比起欲言又止，提著那顆沉重的心，
一吐為快說不定更輕鬆一些呢。

・腳步・

奔跑的時候
（雖然我不是個喜歡跑步的人），
有時滿心只顧著盡快抵達，
卻不慎絆住了腳，跌個四腳朝天。

無論心底再著急，身子總是跟不上我的心，
正如跑步時引發的意外，
對他人的誤會一旦產生，
還來不及端詳別人的心，我的想法和心緒
就急不可耐地跑得老遠。

誤解總是搶先一步趕在前頭，
諒解只能緊跟其後追上腳步。

明明只要慢下來、緩一步就好了，
只嘆性格急躁的我今天也沉不住氣去理解，
獨自跑在前頭、遙遙領先了。

·已經做得很好了·

真不曉得究竟是什麼樣的「年紀」，
會讓大家顯得萬般憂心。
總說事到如今才談夢想已經太遲，
或叨念著時至今日還沒談婚論嫁該如何是好。
小時候要我勇敢築夢，
現在卻要我別天天做夢，該面對現實。

但想做某件事，無論什麼年紀都不嫌晚，
相反地，不論任何夢想，逐夢也從不嫌早。

現在的你或許無所作為，
曾經的渴望或許未能如願以償，
只不過每個人都有適合自己的時機罷了。
畢竟我們沒有義務強求自己，
和別人以同樣的人生速度過活呀。

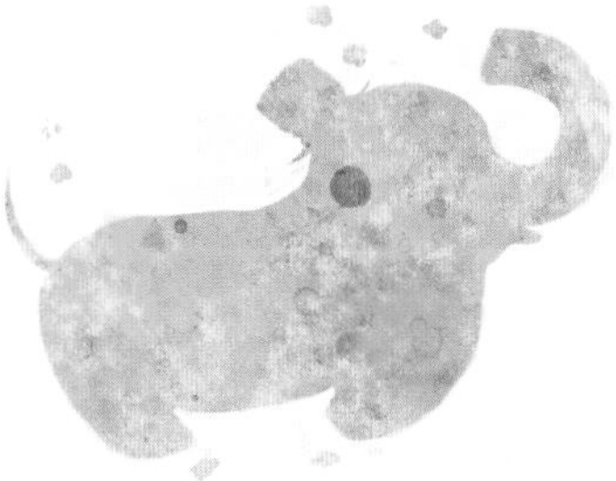

• Who am I? •

只需忠於自己的模樣，
只為自己負責的日子早已過去，
從某一刻起，我已成為一名能文能武的演員，
必須一肩扛起多樣的角色。
我的模樣根據會晤之人、
聚會性質不同而變化萬千，
偶爾也會感到混亂不堪。
「現在的我，表現得好嗎？」
這樣的疑惑總不時在心中浮現。

而我真正的面貌、真正的角色又是什麼呢？

這個世界期待得太多，
我們必須做的確實多不勝數，
但若始終未能理解我自己真正的樣子，
不就會被這個世界牽著鼻子走了嗎？

・理解自己的方法・

每個季節都以獨有的聲響、氣味和樹木的色彩
來展示自己。
走向山間或海洋這樣能夠感受到自然的地方，
季節的聲音也更加鮮明。
只要豎耳傾聽，不知不覺間
我們便恍若與自然合而為一，身心舒暢。

人也不例外。
每個人都會以各式各樣的面貌
來展現自己感受的情緒和自身的存在。
一旦理解了對方獨有的語言，
就連先前令人費解的舉動，
都能心領神會。

直到現在，我一直庸庸碌碌，
以自我的主張為中心過活。
比起傾聽他人的話語，
我更渴望高唱自己的想法。

一如傾聽自然的聲響，
如果能時時用心諦聽他人的聲音，
那麼，聆聽我自己的內心，
是否也會容易一些呢？

・椅子・

在公園裡散步，
四下擺放的長椅隨處可見。

無須知會，誰都可以任意坐著稍事休息，
接著原地起身、重新上路。

在驟雨中濡濕，
在積雪中埋沒，
雖然一時不能供人落坐，
等到積雪融盡、水氣漸消，
便會有人再度坐上那張長椅。

**在同樣的位置上，
無論聽見怎樣的聲音、無論承受多重的物品，
長椅總是默默地守在原地。**

美畫

一如靜靜擺放在路邊的椅子一樣，
有時盡我所能，
在我所在之處，
不斷給予、持續付出，不也很不錯嗎？

・活在當下・

人生中面臨選擇的瞬間數也數不清。
選擇主修什麼科目、選擇從事什麼職業，
更要選擇愛情。
甚至連每天吃些什麼都要思考、做出選擇。

儘管選擇無數，但任誰也無法預知
將來會如何發展，因此下定決心才如此困難。
人生之路誰也說不清，
更沒有人能代替你走下去。
不過，釐清自己心之所向，
我想仍是漫漫人生中的首要任務吧。
畢竟人生只有一回嘛。

我們有權利去做自己想做的事、
愛自己所愛之人，
大啖自己想吃的美食。
無須膽怯。

「我將永遠為你喝彩，
願你勇敢選擇自己的人生。」

活在當下（Carpe diem），
把握每一天，
活出你非凡的人生。

——**出自電影《春風化雨》**

美畫

逗號三

如何存在，

端看一個人對

自己的想像

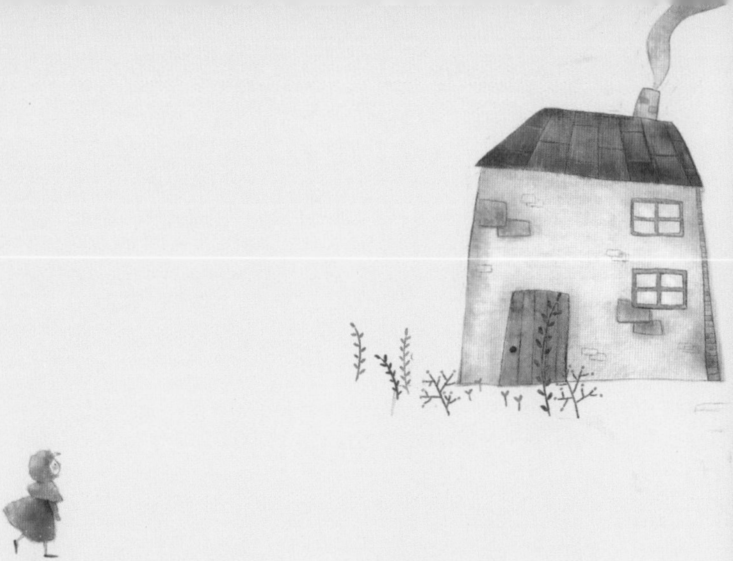

當你越了解自己，
以及自己想要什麼，
就越不會被無謂之事所困，為之沮喪。

——出自《愛情，不用翻譯》

・渴望逃避的日子・

在某些日子裡，我也想躲起來，
藏在誰也不知道的地方。
卻沒有地方能供區區一個我遁逃，
更令我哀傷。

‧能坦然面對傷口的人‧

能坦然面對自身傷痛的人，
也能捂上他人的傷疤。

沒有人不會受傷，
受傷也不是什麼壞事，
只是偶爾不敢正視自己的傷口，
讓其他人也倍感疼痛。

·從頭來過不就行了·

當我造訪一個不曾去過的所在，
總會擔憂找不到路，反覆確認地圖好幾遍。
即便我不斷張望、跟著路標前進，
也向路經的人們開口詢問，
有時仍會迷途，跑到莫名其妙的地方。
每當這時，我會回到原來的位置，重新尋找途徑。
就算會埋怨自己遲鈍的方向感，
懷著些許焦躁的心四下徘徊，
但我很清楚曾經走過的路並不正確，
因此不會一錯再錯、走入相同的歧途。

縱使第二次選擇的路途依舊錯誤，
只要回到原處、從頭來過就好了。

重新開始，沒什麼大不了，
不過是多花了點時間抵達目的地罷了。

並且，
歷經周折找到的道路，
再也不會迷失。

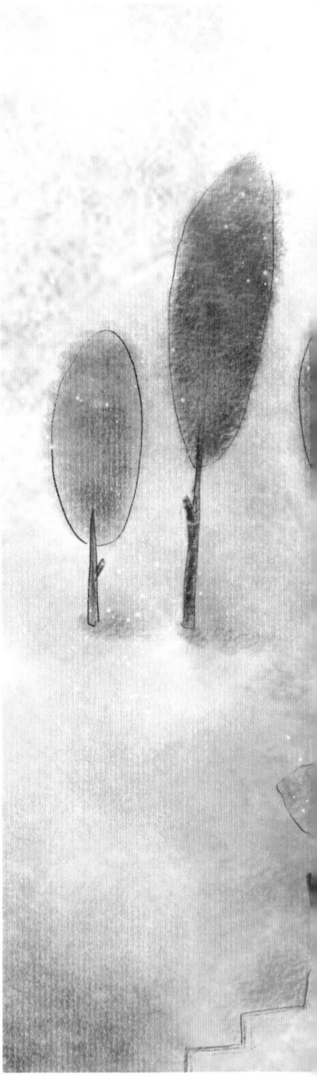

美畫

開始

每回新的開始都能感到一股奇異的悸動。
倘若仔細探究這是什麼感覺，
就會在不知不覺間撞見名為恐懼的心理。

「我做得到嗎？」沒有自信的畏怯探出頭來，
提前描繪最壞的情況，讓人陷入不必要的臆測之中。
然而多數時候，那些只不過是從未發生，
或者絕不會發生的情況，
泰半都是由自己的想像創造出來的恐慌。

比起此刻眼中所見，
或許那些尚未發生的未來平添了想像，
才更讓人莫名心生畏懼。

美畫

面對尚未抵達的未來，
並不需要過度恐懼。
畢竟若不夢想新的開始，什麼都不會發生。

其實，就算真的碰上，也總會有辦法的嘛。

·看看我的雙眼·

俗話說，眼睛就是「心靈之窗」。
換言之，人們能透過雙眼
訴說許多故事。

或許正因如此，當一個人說話時無法正視對方的眼睛，
總讓人難以產生信賴。
相反地，格外熟識的朋友、所愛之人，
光是對上眼神就能感受到彼此的想法。

據說人在摸索記憶時眼睛也會隨之轉動。
回憶過去時轉向左側，
思索未來則轉往右側。

那麼，我的雙眼究竟在訴說著往昔，
抑或談論著未來的夢想呢？

・為什麼只有我這樣？・・

有時傾聽他人的煩惱，
會發現自己也曾有過相似的經歷。

當然了，縱使相近，痛苦的程度仍因人而異。
這種時候，我總不由得想著，
看來人們碌碌一生，終歸是相去無幾。

沒有人比別人更特別，也不會有無人經歷的苦難，
偏偏只發生在我身上。

儘管好像全天下只有我一人如此傷痛、憂愁、孤單，
現在回想起來，那是每個人都曾面對的痛苦和悲傷。

他們的苦痛和憂傷，
不過是先我一步、或者晚我一些到來。

**因此不必為了疼痛或傷心，
感到萬般委屈。**

·縱使痛不欲生終會活下去·

即使痛不欲生，我們終究能活下去。
或許這就是為什麼俗話說，這個世界
好死不如賴活呀。

・青春萬歲・

雖然童年的記憶早已模糊不清，
但我似乎是個經常跌倒的孩子。
畢竟閒來無事，仍會冷不防地想起地板撲面而來的印象，
那奇妙的記憶似乎至今還殘留在腦海。

然而摔跤的時候，
與其說是疼，反倒是那些大人紛紛跑上前來的驚慌模樣，
往往讓我變本加厲，哭得更凶了。

「沒關係，誰都有可能會摔倒，
你能自己站起來嗎？」
若是若無其事地對我這麼說，
反而能讓我抹掉淚水、立刻站起身來。
神奇的是，獨自爬起來之後，
我甚至會倍感欣慰，覺得我自己也辦得到。

儘管膝蓋摔得發疼，但自己站起來的自豪感，
反倒讓心情也變得輕快。

或許生活的模樣也是如此吧。

踏實努力地過活，興許也會摔跤，
就如跌倒時擦破膝蓋、鮮血直流，
生活中也難免碰到傷心事。
但越是小題大作地庸人自擾，
原本無關緊要的事反倒真的過不去了。

摔倒了，重新站起來就好，
受了傷，稍事休息就行，我還年輕呢，
哪有什麼好擔心的呢？

美畫

·長大成人這回事·

「無論在哪裡都能自己一個人吃飯，
就證明你成為大人了。」
朋友曾經打趣地說道。
雖然只是說笑，但我認為，
某方面來說也隱含了很大的意義。

和某人一起用餐，往往代表著與人分享
彌足珍貴的情誼、分享一份記憶。
能夠忍受無人共享情感與回憶，
忍受獨自一人吃飯的孤獨感，
說不定也就意味著，
長大成人就是如此孤單的一件事。

·夢想·

想做的事何其多，有時也會苦惱該做什麼才好。
這也很好、那也不錯，
說不定往那裡發展才是最佳選擇。
早已過了有夢最美的青春期，
仍耐不下性子做好任何一件事，
總覺得分外不安和焦慮。
甚至我也經常分不清，
自己擅長些什麼、又喜歡做些什麼。

直到過了那個時期，
朝三暮四、心猿意馬的時光層層積累，
也形塑出了踏實穩固的夢想。
每天都有全新的體驗和故事，
如今，也幫助了我能夠擁抱其他的夢。

美畫

浮生若夢，
心懷美夢總比毫無期盼更好。
但就算沒有夢想也無可厚非。

今天用以實現昨日的夢想，
今天也能創造全新的夢想，
而明天，又是實現今日夢想的一天。

・一步一步・

奔往人生目的地的旅途雖然愉快，
另一方面，也是一條艱辛又孤獨的道路，
身邊充斥著種種困難與他人擔憂的目光。

一步一腳印已追不上這個飛快的世界，
三步併作兩步地匆促向前，
有時反而會摔跤，欲速則不達。

其實稍微放慢腳步也無妨，
倉促著急和全力以赴本就是兩碼子事。
相信自己走在正確的路上，
竭盡所能一步一步地前進，
就如某句廣告詞所說，夢想終將實現。

・看似順遂的道路・

參與自行車或田徑賽事，
選手們都必須在自己的賽道上衝刺。
就算我偏好的跑道號碼就在一旁，
萬一脫離了自己的正軌、誤入別人的賽道，
縱使跑出第一名的成績也毫無用處。

超前我的那個人腳下走過的路途，
不見得就是最佳的路程。
只是看起來格外順遂而已。

哪一條才是真正適合我的路，
正視我必須向前奔跑的那條賽道，
豈不是更重要嗎？

逗號四

所謂愛情，

是我向你靠近，

還是你奔向我呢？

如果你愛一個人，
就該趁現在大聲說出來。
如若不然，
機會便立刻從你眼前溜走了。

——出自《新娘不是我》

・36.5，牽起手

也無妨的溫度。

刺蝟困境的由來，
是在寒風中彼此依偎、相互取暖的
兩隻刺蝟，
倘若靠得太近，身上的尖刺就會扎到對方，
要是離得太遠，又會再次感到寒冷，
於是陷入左右為難的境況。
也指涉人們傾向隱藏自己，
與對方保持一定距離的心理。

有些人會害怕去愛、對愛猶豫不決。
正因熱烈愛過，面臨離別時分外痛苦的記憶，
為此深受折磨、對愛踟躕的人們，
在我們身邊比比皆是。

「只怕再次受到傷害」，他們總會這麼說。

縱使他們內心深處，
充滿了渴望愛情、渴望被愛的一顆心，
也會由於過去傷痛的記憶望而生畏，
不由得停下腳步。
就像一隻害怕受傷的刺蝟，
對靠近自己的人豎起滿身尖銳的利刺，
試圖深深掩藏自己脆弱的一面。

但是，你可曾明白？

向釋出善意的人一一劃清界線，
儘管能夠預先斬斷痛楚，
但你同樣無法
感受到那個人的溫暖了呀。

・禁止曖昧・

「愛是人生中最重要的提神劑」，
畢卡索曾這麼說。
但是，愛情有時也會帶來巨大的疲憊感。
很多時候，不必要的情感消耗會令人筋疲力竭，
甚至什麼事也做不了。

這一刻，我的心是否也以愛之名
在進行著無謂的心靈勞動？
而他是否為了我有些許的心靈勞動，
我也沒有把握。

·感情和心靈的差距·

比起執著於擁有「愛」，
抱持一顆分享愛的心或許更好。
畢竟獨自懷揣的感情隨時可能改變，
但當時彼此共享的情意卻不會輕易變質。

因此，比起占有「愛」這種情感，
我更喜愛分享心意的愛情。

·必須向所愛之人提出的問題·

「你為什麼喜歡我？」總有人這麼問，
但想得到滿心渴望的回答並非易事。

畢竟絕大部分愛情的開端往往毫無來由。
為什麼會喜歡上對方，
又有多少人能準確說出那個理由？

直到現在還惦念著這個疑問的我，
究竟是天真、還是太傻了呢？

有些人會先計算值得投入愛情的各種條件，
再設法尋找符合條件的對象，
最近這麼做的人似乎屢見不鮮。
他們殷切尋找著愛情的理由，
希望我的他是這樣的人就好了，若不是那樣的人就不行。

每每見到這種模樣，
他們究竟是渴望墜入愛河，還是興致缺缺，
經常令我摸不著頭腦。

就算有點傻氣，現在的你
仍是可以不計理由、放手去愛也無所謂的年紀呀。

我愛你皺起鼻梁邊的細紋瞅著我，
覺得我像個瘋子一樣的表情；
我愛每次與你度過一整天，
還能聞到你留在我衣服上的香水味；
因為每晚睡前，我最想與之交談的人
就是你……所以我愛你。

——出自電影《當哈利碰上莎莉》

美畫

·我們都曾是某人的
初戀……吧？·

初戀總是刻骨銘心。
由於心中遺留著思念的殘像，以及永不褪色的回憶，
這份愛戀才令人如此難忘。

將初戀朦朧的思念與回憶，
珍藏在心靈的倉庫裡，
等到年紀漸長，再翻找出來追憶，
也會依然鮮活、溫馨浪漫或令人悸動吧。

即使在記憶之中也能溫暖地擁抱對方的心，
這樣的你，也是某個人的初戀呀。

這就是……初戀吧！

若不主動釋出善意，
誰會懂得。

倘若希望有人走近我身邊，
我必須率先釋出善意。
倘若希望對方明白我的心意，
我就必須先展現自己。

雖然有人會問，難道非得這麼直白，
但人有時就是傻傻的，必須清楚地表達才會懂得。

說不定那個人，
也在期盼著我先釋出訊號呢。

·對你而言，我是什麼樣的人·

任誰都渴望被愛。
為了討人喜歡，將自己轉變為對方喜愛的模樣，
也是理所當然的努力。
但一個人無須絕頂聰明，
也不必人人爭相追捧，才能收穫愛情。
不會因為我做了他喜歡的打扮，
不會因為我處處為他著想，
不會因為我說了中聽的話語，
他才會更加愛我。

當時為什麼不明白呢？
似乎總是坐立不安地觀察著對方的臉色，
生怕一旦表現出真正的我，對方就會離我而去。

其實直率一點也無所謂，
我原本的模樣，就足以獲得他人的愛了呀。

只可惜，我仍不夠了解愛情吧。

美畫

・整理・

我經常將自己用剩的物品收在抽屜裡，
想著總有一天會派上用場，
但大部分情況下，它們都被遺忘在記憶中，
埋沒在抽屜裡。

若將抽屜裡的東西收拾乾淨，該丟棄的就丟棄，
塞得滿滿的抽屜就會多出許多空間，
可以收納其他的物品。
必須捨得拋棄，才能理出頭緒。
否則，很快又會恢復原樣……

心也不例外。
當心中塞滿了過往的記憶、積累的情緒，
往往容不下新的感情。
這時候，就該打開心裡的抽屜瞧一瞧。

掏出心底的記憶好好整理，
放下執著和貪戀，
讓壅塞的心變得輕盈，
這才能騰出空間，
重新填滿另一種心情。

·相迎·

小時候，每當一到下雨天，
我總在腦中勾勒著有人打著雨傘來接我的畫面。
這樣的場景占據了我許多記憶，
看來我這麼想像的日子似乎不在少數。
下雨天放學的時候，班上某人的媽媽或奶奶，
從家裡出來迎接，又或眼見其他人，
一起撐著傘回家，
而我只能怔怔地看著窗外發呆。
我當然曉得父母都很忙碌，
即使想來接我也來不了。
因為無可奈何只能死心斷念，
以及明知無計可施，仍斷不了的遺憾和欣羨，
時至如今，每逢下雨的日子，
當時複雜的情緒仍會湧上心頭。

不久前的某一天，淅淅瀝瀝地下著雨，
我出了門迎接下班的媽媽。
看見女兒打著雨傘等在門外，
會不會讓下班路上筋疲力竭的媽媽，
心中感到一絲溫暖？
這麼一想，我心裡也不由得有些激動。
拎著雨傘走過的那條路，
和小時候飄雨的日子相互重合，
讓我的嘴角揚起一抹微笑。

有人為了我，帶著一把傘前來相迎，
是多麼令人開心又感激，
倘若不明白這一點，恐怕也無法理解，
帶上雨傘，出門迎接另一個人這件事，
又有多麼令人愉快。

那一天，出門迎接媽媽的那條路，
在我心裡也是條幸福洋溢的歸途。

・真正的戀愛・

真正的戀愛，是過著截然不同生活的男女，
彼此相遇，在深刻了解對方的人生、對對方的一切
都了然於心之後，依舊深愛著彼此。

那是即使目睹了最不堪的模樣，也願意默默守望的心。

倘若這一刻仍在掂量著那個人的心意和人生的深淺，
此時訴說的愛情，是否太過輕率了呢……

假如你愛至成傷，
你會發現，傷沒有了，
卻有更多的愛。

——德蕾莎修女

・無法愛人的理由・

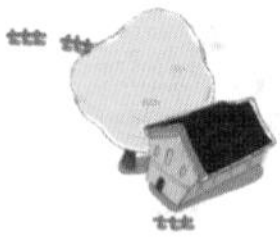

或許在此之前我所等候的，
就像是「高跟鞋」一樣的人，
外表看似光鮮體面，
能襯得我更光彩動人，
這樣的人，就和高跟鞋很像。

剛穿上高跟鞋時儘管漂亮迷人，
一旦穿久了腳就會疼得難受、難以行走。
我經常想索性把鞋脫了，光腳走路。

就像我的腳因高跟鞋所受的折磨，
我的心也留下了深深的傷口，
才一直很難與人相愛吧。

・真正的離別・

分別的瞬間之所以讓人傷心難過，
是因為那個人直到如今，
還在我生命中的某個角落陪伴著我，
或許也是因為我心中仍懷揣著，
總有一天會在某處再次相見的眷戀吧。

真正的離別，是當他與我的生命完全分離，
無論何處都再也見不著
那個人的蛛絲馬跡。
直到那一刻，我們就能無比平靜地道別。

當我們面對真正的離別，
破碎的心靈會成為一顆閃亮的、嶄新的心，
再次期待另一次心動的到來。

・錯覺・

有時候，面對越信任的人我們越容易發火。
明知對方深愛著我、疼惜著我，
我應該更加感激與珍惜，
奇怪的是，對方對我的好
漸漸變得理所當然，
讓所有情緒都一股腦兒地宣洩出來。
恐怕這都是因為我的錯覺，
誤以為對方無論任何情況都會無條件地愛我。

能察覺待人之道的人，
才是真正渴望變得幸福之人。

——拉羅什福柯

·在見到他的一百公尺之前·

由於家裡住得比較遠，為了跟人見上一面，
我經常都要搭了公車、換乘地鐵，
再走上好長好長的一段時間。
費時費力、路途曲折，實在挺無趣的。

我不禁覺得，想要與某人見上一面，
想要與某人更加親近，
或許並不是那麼簡單的一件事。

說不定，這也是件費時費力、曲折又無聊的工作。

所以呀，
更要深切珍惜。

為了不讓對方走向我的時間
被白白浪費；
為了不讓對方來到我身邊的路程
崎嶇而乏味；
我應加倍珍惜他的心意，
心存感激。

美畫

逗號五

請回答，
我閃閃發光的
每個瞬間

「熠熠生輝的不只是掛在夜空中的繁星。
僅憑自身存在，
立足於這片土地的每一個人都在閃閃發光。」

——出自《魔女的誘惑》

·言之命至·*

有句話叫做「框架效應」（Framing Effect），
意指「針對同一個問題，根據敘述方式的不同，
便會對結果造成影響的現象」。
簡而言之，縱使是相同的一句話，
「好呀」和「好啦」表現就天差地別。

看見同樣的情況，每個人的描述都各有區別，
根據陳述的差異，對方做出的決策也會有所不同。

人生亦如是，依據心之所向，
依據如何看待自己，便會隨之改變。
倘若相信自己，抱持積極面對自身境遇的信念，
肯定能像不久前流行的歌詞那樣，
總有一天，我們也會對自己的人生微笑頷首。

＊ 編注：標題〈말하는 대로〉言之命至，2011年韓綜《無限挑戰》歌謠祭單元中，詞曲創作者李笛為主持人劉在錫創作之歌。講述無名階段到拚命奮鬥成名的過程，感人至深。

・擁抱・

「我願擁抱你疲憊的心。」

Free Hug 運動曾經一度成為熱門話題。
活動的初衷是無條件擁抱他人，
我曾感到好奇：「光是擁抱究竟能有什麼效果？」

原來，擁抱有助於分泌「催產素」，
又被稱作「愛的荷爾蒙」。
能使人擁有平和穩定的心情、消除壓力，
據說對強化人際關係也有助益。

不僅如此，擁抱帶來的心靈充盈，
更能降低食慾、助長減肥效果，
彼此擁抱，對於人們的健康和免疫力，
也能產生極大的影響呢。
（想減肥的話，請立刻擁抱身邊的人吧。）

事實上，儘管對減肥有沒有幫助暫且不得而知，
但擁抱確實能撫慰人心。

筋疲力竭的時候，
比起一百句加油打氣，
一個擁抱就能帶來很大的力量。
我願我們都能與人真心相擁。
直至彼此的心。

美畫

・我人生開始好轉
變得幸福的剎那・

若把停留在腦海中的想法，
和心底徘徊的情感大聲表達出來，
神奇的是，一切都將如願以償。

從大聲說出「沒事的，我很幸福」的一剎那，
人生真的會漸有起色，越發幸福。

在白雪公主故事中，魔女鎮日面對魔鏡問道：
「魔鏡啊，魔鏡，誰是世上最美麗的女人？」
她這般反覆詢問的心思，也不難理解了。

縱使不是童話裡出現的魔鏡，
但今天也讓我們看著鏡子，試著告訴自己：
我很幸福、我最漂亮，怎麼樣呢？

・理解・

「我真的不懂你，你到底想怎麼樣？」

戀人之間由於無法理解對方，
爭執不下的模樣屢見不鮮。
無法理解，
也就意味著只將自己的原則擺在第一順位。
又或是將理解包裝成愛情，
強加在對方身上。
但所謂的理解，與你對對方的愛，
似乎沒有太大關聯。

至今，父母的某些部分我仍無法理解，
也對你一無所知。
但我愛你的心仍不會改變。

美

縱使不甚了了，正因不斷努力去理解對方，
才讓彼此更加相愛不是嗎？

畢竟理解先於誤解，
而愛情先於理解呀。

・倘若始終不去行動・

「我還在等待時機。」
雖然並不是打算闖出一番大事業，
但總覺得自己實力猶有不足而猶豫不決，
也不敢在他人面前班門弄斧而躊躇不定，
這才老是搬出等待時機這種藉口。

但若總是按兵不動，最終什麼也不會實現，
唯有積極表達與行動，才能實踐理想的目標。

其實你已經擁有足夠的能力，
或許只是在等待著
願意支持你的那個人吧。

沒有最完美的時刻，
只是做得到和做不到的問題而已。

——出自《黃金時刻》

·今年依舊繁花盛放，

一如既往。

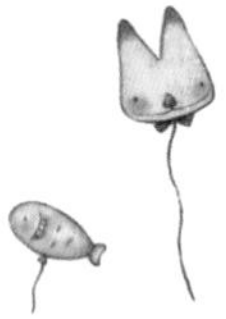

人生即是等待。
等待幸福到來、等待痛苦逝去，
等待愛情降臨、等待振奮人心的好消息，
就這樣，等待著人生的花朵綻放。

但大部分的等候都是枯燥乏味的。

我們等待某個時刻的到來，
或許正是因為現在太過疼痛、太過悲傷。
之所以抱著希望繼續等待，
或許正因這一瞬間太過煎熬，
唯有緊抓著那個希望才能挺過去吧。

人生就是一再地等待。
但再漫長的等待，
也能倚靠著一剎那的喜悅、回憶
和美好，帶著笑容度過。
與其讓不安和焦慮填滿每個等待的瞬間，
不如改以新鮮感和悸動來填補。

一如寒冬過去、暖春降臨，
待冬雪消融，花朵終會如期盛開。
如此一來，我們人生的花，
也會一朵一朵地綻放吧。

美畫

・明天便將開始思念今日・

「最想回到過去的哪一刻？」當朋友這麼問起，
我說我最想回到約莫二十七歲那時候。
細數過去，那時好像是最靚麗、最美好的時節。
但再仔細一想，
當時的我因生活的重擔感到艱辛，
因未能實現的愛情痛苦萬分，
經常懷念更年幼的日子。

儘管現在再次回首，
那是我幸福到渴望再次返回的一段日子，
但在那一瞬間，我卻渾然未覺，
那時的我比任何人都更美麗、更光彩照人。

POST

若十年、二十年之後再次同樣地提問，
我會不會認為「此時此刻最令人懷念」呢？

今天過得不幸福的人，
明天也不會得到幸福眷顧。
正因今日就是明日的思念，
所以現在這一瞬間，
也要用盡全力去過得幸福。

·請回答，我閃閃發光的每個瞬間·

和老朋友的談天中，
包含了許多我記不得的、
被我忘在腦後的故事和回憶。
所謂回憶，好像總埋藏在心底某個角落，
不時驀然探出頭來、溫暖人心。

追憶著朦朧的初戀，我憶起一無所求、
沉浸在幸福中的我；
也重新遇見為了實現夢想，全神貫注、
努力向前奔跑的我。

無論做些什麼，當時的回憶始終熠熠生輝，
也讓此刻的我，再次開始閃耀。

．在這閉目塞聽的世界裡．

我並不企求任何解答，
只盼世界聽一聽我的故事。

不必陪我哭泣，
只要靜靜聆聽就可以，
也不是渴望有人一起分擔我的煩惱，
因為我要走的路，我自己再清楚不過。
只要用心、用雙眼、用耳朵傾聽就行，
即使明天立刻忘得一乾二淨也無所謂。

或許此時此刻在你身邊的那個人，
正如此傾訴著也說不定。

·人生就是不斷地反轉·

生活之中，總有失落的時候。
在很多情況下、在人際關係中，
偶爾也會對自己感到失望。

失望之情往往是源自現實的問題，
與我原先的期望有所落差，
若失落情緒不斷累積，便容易對生活感到無力。

但我依然認為，一時的失望
並不至於導致絕望。
或許是我的預期並不正確，
過度的期盼也經常是出自個人的野心。
在生命中反覆領悟這些道理，
失望便會在某個時刻轉變為期待和希望。

或許正因如此，人生才精彩可期吧。

美畫

・我曾有過不幸福的時刻嗎？・

有時，我一如往常地工作，
一如往常地與人碰面、聊天、吃飯，
也會驀然感到幸福。
對方通常只是每天碰面的人或同住屋簷下的家人，
但只因他們在我身邊，我就倍感幸福、深自感謝。
或者因為碰巧趕上了正在等候的公車，
又或者因為隨機挑選的餐廳出乎意料的美味……

每逢這種時刻，我就覺得我這個人真是單純得可以，
不由得失笑出聲，
又禁不住再次感到欣慰，
能做這樣單純的自己，真是幸福呀。

美畫

倘若唯有入手了喜歡的物品，
實現自己渴望的夢想時才能感到幸福，
那麼幸福的時刻未免太過短暫、太過激烈了。
因為喜歡的東西、追求的目標往往瞬息萬變，
實現了一件事，又會盼望得到更好的。

我曾看過一個演出，
名為《我曾有過不幸福的時刻嗎？》。
一如其名，我們是否經歷過不幸福的瞬間？
說不定，只是未能領悟那些小確幸而已。

願我們不會錯過充斥在日常中的點滴美好，
領悟心靈真正的幸福，成為內心富足之人。

沙漠之樹的故事

沙漠中，沒有清涼解渴的清水，
沒有芬芳的花朵，也沒有啁啾報喜的鳥兒。
只有荒涼的黃沙和烈日。

在這貧瘠的沙漠中有一棵樹。
樹深深扎根，直至地下十公尺，
為了尋找水源，將根系往土壤深處奮力伸展。

根部越來越深，在土地深處汲取充盈的水分賴以生存，
感謝著偶爾吹拂的微風，
感謝自己能吸納這深藏地底的水泉，
就這樣，生存在艱困而荒蕪的沙漠中。
頑強存活下來的樹，
終能在乾涸的枝椏上，
綻放一朵又一朵的花。

目睹樹木如此堅韌，
「只有荒涼的沙漠，沒有荒涼的人生」
令中國人有了這番領悟。

我所居住的此地，
並不是水泉枯竭、鳥不生蛋、寸草不生的荒漠，
我也不像樹一樣動彈不得，
卻總想逃離。

無法像樹一樣深深扎根，而是渴望逃跑。

若生存在沙漠中的樹就像我一樣擁有雙腳，
是否也會逃離那片荒涼的大漠？
倘若它真的選擇離開，是否還能開出
那麼絢爛奪目的花朵？

我不禁思索，
或許正是因為那蒼茫荒漠，
如此殘酷而孤獨，
綻開的花才顯得那麼美麗。

「或許是為了一朵菊花的盛開，
杜鵑鳥從春天開始叫個不停。」
就如詩人徐廷柱的詩句，為了一朵花的綻放，
今天的我，也會繼續向前奔跑。

·後記·

將積攢在心中一隅的思緒一一翻出來細看，
或許，這亦是給需要安慰的自己的一封信。

梳理著筆下的字句，
看著逐漸完成的圖畫，我不禁莞爾。
它們雖是長存我內心的故事，也是曾經的決心，
但我不時也會發現自己未能持之以恆的模樣。

本以為我早已長大，年紀都遠遠超過一盒雞蛋的數量*了，
但似乎並非如此。
有句話說，只要轉換想法，
行為與人生都會隨之改變，
至少，在思維上應該有成熟一點點吧。

＊ 韓國的雞蛋通常以 30 顆為一盒販售。

縱使自己猶有不足，倘若其他人看起來
格外脆弱、需要安慰的時候，

只願看見此情此景的你，能夠設身處地思考：
「我也感同身受……我也曾經那樣呢……」；
只盼在內心感到疲憊的瞬間，你也能驀然察覺：
「我並不是自己一個人。」那就太好了。

我打從心底為你加油，
為此時此刻的你。

今天的你也辛苦了。
有你，真好。

K原創027

世上有人為你加油
寫封信，給需要安慰的你

填回函雙重禮
①立即送購書優惠券
②抽獎小禮物

作　　者｜宣美畵
譯　　者｜林季妤
出 版 者｜大田出版有限公司
台北市一〇四四五中山北路二段二十六巷二號二樓
E-mail｜titan@morningstar.com.tw http://www.titan3.com.tw
編輯部專線｜（02）2562-1383 傳真：（02）2581-8761
總 編 輯｜莊培園
副總編輯｜蔡鳳儀
行政編輯｜鄭鈺澐
行銷編輯｜李星瑤
校　　對｜黃薇霓／林季妤
內頁美術｜陳柔含
初　　刷｜二〇二四年五月一日　定價：三八〇元
二　　刷｜二〇二四年八月十五日
網路書店｜http://www.morningstar.com.tw（晨星網路書店）
購書Email｜service@morningstar.com.tw
TEL：04-23595819 FAX：04-23595493
郵政劃撥｜15060393（知己圖書股份有限公司）
印　　刷｜上好印刷股份有限公司
國際書碼｜978-986-179-870-7 CIP：177.2/113002585

國家圖書館出版品預行編目資料

世上有人為你加油：寫封信，給需要安慰的你／宣美畵著．；林季妤譯．——初版——臺北市：大田，2024.05
面；公分．——（K原創：027）

ISBN 978-986-179-870-7（平裝）

177.2　　113002585

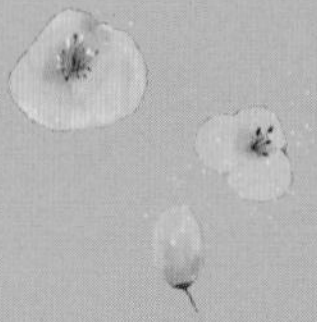

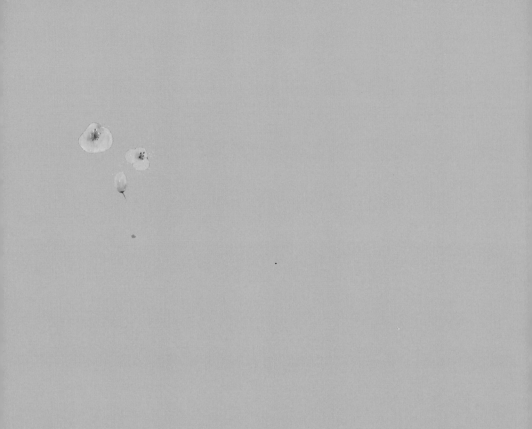